Fotografien vom Bayerischen Wald

Georg Knaus

LICHTLAND

edition LICHTLAND
Langgasse 1, 94078 Freyung
Deutschland

Fotografie: Georg Knaus
Textauswahl: Hans und Heinz Lang
Gestaltung: Edith Döringer
Druck: Tutte Druckerei GmbH

2. Auflage 2010

ISBN: 978-3-9812924-0-4

Ich habe erfahren, glaub es mir:
In den Wäldern findest du
mehr als in den Büchern.
Holz und Steine
werden dich über Dinge belehren,
von denen du bei den Lehrern
nichts hören kannst.

Bernhard von Clairvaux

LICHTSPIEL

Gleich wie Blätter im Walde,
so sind die Geschlechter der Menschen;
Einige streut der Wind auf die Erd' hin,
andere wieder
treibt der knospende Wald,
erzeugt in des Frühlings Wärme:
So der Menschen Geschlecht,
dies wächst, und jenes verschwindet.

 Homer, Ilias

Gott ließ mir keine Flügel
wachsen
doch – er ließ mich nicht im Stich
schenkte mir die Fantasie,
beflügelte auch mich.

Baum im Herbst

Noch ringt er verzweifelt mit den kalten
Oktobernächten um sein grünes Kleid,
mein Baum. Er liebt's, ihm ist es leid,
er trug es fröhliche Monde lang.
Er möchte es gern behalten.

Und wieder eine Nacht, und wieder
ein rauer Tag. Der Baum wird matt
und kämpft nicht mehr und gibt die Glieder
gelöst dem fremden Willen hin,
bis der ihn ganz bezwungen hat.

Und ruht im Blauen tief beglückt.
Da er sich müd dem Sterben bot,
hat ihn der Herbst, der milde Herbst
zu neuer Herrlichkeit geschmückt.

Mein Wald – mein Leben

Ich sah den Wald im Sonnenglanz,
vom Abendrot beleuchtet,
belebt von düstrer Nebel Tanz,
vom Morgentau befeuchtet;
Stets blieb er ernst, stets blieb er schön,
und stets musst ich ihn lieben.
Die Freud an ihm blieb mir bestehn,
die andern all zerstieben.

Ich sah den Wald im Sturmgebraus,
vom Winter tief umnachtet,
die Tannen sein in wirrem Graus
vom Nord dahingeschlachtet.
Und lieben musst ich ihn noch mehr,
ihn meiden könnt ich nimmer.
Schön ist er, düsterschön und hehr,
und Heimat bleibt er immer.

Ich sah mit hellen Augen ihn,
und auch mit tränenvollen;
Bald hob er meinen frohen Sinn,
bald sänftigt er mein Grollen.
In Sommersglut, in Wintersfrost,
konnt er mir mehr nicht geben.
So gab er meinem Herzen Trost.
Und drum: Mein Wald – mein Leben!

Bäume sind Heiligtümer

Wenn wir traurig sind
und das Leben nicht mehr gut ertragen können,
dann kann ein Baum zu uns sprechen:
Sei still! Sei still!
Sieh mich an! Leben ist nicht leicht,
Leben ist nicht schwer.
Das sind Kindergedanken.
Lass Gott in Dir reden, so schweigen sie.

Du bangst, weil Dich Dein Weg von der Mutter
und Heimat wegführt.
Aber jeder Schritt und Tag führt Dich neu der
Mutter entgegen.
Heimat ist nicht da oder dort.
Heimat ist in Dir innen, oder nirgends.

 Hermann Hesse

Es gibt Dinge,
die man nur sehen kann
mit Augen,
die geweint haben.

Aus einem April

Wieder duftet der Wald.
Es heben die schwebenden Lerchen
mit sich den Himmel empor,
der unseren Schultern schwer war;
zwar sah man noch durch die Äste den Tag,
wie er leer war, –
aber nach langen regnenden Nachmittagen
kommen die goldübersonnten
neueren Stunden,
vor denen flüchtend an fernen Häuserfronten
alle die wunden
Fenster furchtsam mit Flügeln schlagen.

Dann wird es still. Sogar der Regen geht leiser
über der Steine ruhig dunkelnden Glanz.
Alle Geräusche ducken sich ganz
in die glänzenden Knospen der Reiser.

Das ist nicht ein Wald, wie sonst einer,
der Böhmische Wald.
Er ist so schwarz, wie sonst keiner –
es hat ihn noch keiner gemalt
wie er ist.

Und die Quelle, die rinnt, wie einst so kalt,
und die Felstrümmer stehen in Bärengestalt,
mit Moos um die riesigen Hüften.

Oft geht ein Wind,
aus dem Böhmischen her,
und der Winter ist lang,
und der Sommer ist schwer
vom Grün und vom Gold,
das wipfelab rollt.

Es hat ihn, in seiner schwarzen Gestalt,
den Böhmischen Wald,
noch keiner gemalt
wie er ist.

 Georg Britting, aus „Der Böhmische Wald“

Feldeinsamkeit

Ich ruhe still im hohen grünen Gras
und sende lange meinen Blick nach oben,
von Grillen rings umschwirrt ohn' Unterlass,
von Himmelsbläue wundersam umwoben.

Und schöne weiße Wolken ziehn dahin
durchs tiefe Blau wie schöne stille Träume.
Mir ist, als ob ich längst gestorben bin,
und ziehe selig mit durch ew'ge Räume.

 Hermann Allmers

Alternative

Oktober.
Der Hügel brennt.
Pfefferminz, Rainfarn, Schafgarbe,
Wegwarte, Waldweidenröschen,
weißes und gelbes Johanniskraut.
Wir legen es in die Schränke,
unter die Wäsche,
es duftet.

Nichts ist vergänglicher
als unser Hügel.
Bald wird man seine schönen
schattigen Flanken abtragen,
ihm die Haut vom Fleisch reißen
und einen Kahlkopf aus ihm machen.

Wenn die neue Straße
dem Verkehr übergeben wird
und der Minister das Band
zwischen uns und unserem Hügel
zerschneidet – reisen wir ab.

Strebe nach vollkommener Leere,
tiefer Stille, Ruhe der Gedanken.
Tausende Dinge entstehen, vergehen.
Warte geduldig, sie kehren wieder,
jede Existenz kehrt zum Ursprung zurück.
Rückkehr zum Ursprung ist Stille,
erfüllt den Weg der Natur.
Das Wesen der Natur ist ewig.
Das Ewige zu erkennen ist Einsicht.

 Laotse (4. Jh. v. Chr.)

Relativ

Fliege

und klein
wird sie
die große Welt

Fahre

und schon beginnt sie
zu wachsen

Gehe

und du verspürst
schneller als du denkst
ihre
wahre Größe

Tag im Herbst

Zerstreut kratzt der Wind
letztes Laub aus den Zweigen.
Melodien zersplittern in
schrille Lieder vom Weggehen.

Aus der Sonne umzingelt
von Wolken fallen Licht
Stücke von den Dächern,
schlagen auf den Asphalt.

Alles heute ist schwer:
Buntes Glas in
Blei gefasst für ein
Bild aus der Bibel.

Fülle stellt sich ein,
wenn wir bereit sind,
zu empfangen.

Das Gebet des Waldes

Mensch!
Ich bin die Wärme deines Heimes
in kalten Winternächten,
der schirmende Schatten,
wann des Sommers Sonne brennt.
Ich bin der Dachstuhl deines Hauses,
das Brett deines Tisches.
Ich bin das Bett, in dem du schläfst.
Ich bin das Holz,
aus dem du deine Schiffe baust.
Ich bin der Stiel deiner Haue,
die Türe deiner Hütte.
Ich bin das Holz deiner Wiege
und deines Sarges.
Ich bin das Brot der Güte,
die Blume der Schönheit.
Erhöre mein Gebet:
Zerstöre mich nicht!

 Hermann Hesse

LICHTRAUM

Und wenn wir die ganze Welt
durchreisten,
um das Schöne zu finden:
Wir müssen es in uns tragen,
sonst finden wir es nie.

 Ralph Waldo Emerson

Feuerwoge jeder Hügel,
grünes Feuer jeder Strauch,
rührt der Wind die Flammenflügel,
wölkt der Staub wie goldner Rauch.

Wie die Gräser züngelnd brennen!
Schreiend kocht die Weizensaat.
Feuerköpfge Blumen rennen
knisternd übern Wiesenpfad.

Blüten schwelen an den Zweigen:
Rüttle dran! Die Funken steigen
wirbelnd in den blauen Raum –
Feuerwerk ein jeder Baum!

Das Firmament ist schön
und
unmenschlich in seiner
Unendlichkeit.

Hier weht noch die Luft der Urwelt
der ersten Schöpfungstage.
Man muß sich innerlich weiten, um sich
in diese Landschaft einzufügen.
Wer aber einmal den Rhythmus dieser
Wald- und Berglinien aufgenommen hat,
dem wird die verhaltene Schönheit
dieser unaufdringlichen Landschaft
fester ans Herz wachsen als
irgendeine andere.
Er wird ihr verfallen.

 Siegfried von Vegesack

Manche Nacht

Wenn die Felder sich verdunkeln,
fühl ich, wird mein Auge heller;
schon versucht ein Stern zu funkeln,
und die Grillen wispern schneller.

Jeder Laut wird bilderreicher,
das Gewohnte sonderbarer,
hinterm Wald der Himmel bleicher,
jeder Wipfel hebt sich klarer.

Und Du merkst es nicht im Schreiten,
wie das Licht verhundertfältigt
sich entringt den Dunkelheiten,
plötzlich stehst Du überwältigt.

Dank der Autobahnen kann man jetzt
ganze Kontinente durchqueren,
ohne etwas davon zu sehen.

Eines sollt ihr wissen,
weder ich noch ihr werdet entkommen,
wenn das Glück sich verbreitet
über die ganze Welt,
ohne einen Winkel auszulassen,
wenn das Rätsel des Lebens sich löst,
überall und für jeden,
die unsicheren Schritte verhallt sind.

Wenn das Feuer der Leidenschaft
und die trunkene Zärtlichkeit hereinbrechen,
wie selbstverständlich,
über die Starrsinnigen und Groben.
Wenn der grenzenlose Himmel und
die allseitige Schönheit das lieblose
Leben beenden,
überall und für jeden,
weder ich noch ihr werdet entkommen.

Vereinsamt

Die Krähen schrein
und ziehen schwirren Flugs zur Stadt:
bald wird es schnein –
wohl dem, der jetzt noch – Heimat hat!

Nun stehst du starr,
schaust rückwärts, ach! wie lange schon!
Was bist du Narr
vor Winters in die Welt entflohn?

Die Welt – ein Tor
zu tausend Wüsten stumm und kalt!
Wer das verlor,
was du verlorst, macht nirgends halt.

Nun stehst du bleich,
zur Winter-Wanderschaft verflucht,
dem Rauche gleich,
der stets nach kältern Himmel sucht.

Flieg, Vogel, schnarr
dein Lied im Wüsten-Vogel-Ton! –
Versteck, du Narr,
dein blutend Herz in Eis und Hohn!

Die Krähen schrein
und ziehen schwirren Flugs zur Stadt:
Bald wird es schnein, –
weh dem, der keine Heimat hat!

Wintertag

Wiesen und Felder
in milchiges Weiß gehüllt
lässt Grenzen und Wege
nur ahnen

Der Wald zurückgezogen
im Schatten seiner selbst

Die Sonne bringt
nichts an den Tag

Eisiges Schweigen
wohin man auch hört

Willst du immer weiter schweifen?
Sieh, das Gute liegt so nah.
Lerne nur das Glück ergreifen,
denn das Glück ist immer da.

 Johann Wolfgang von Goethe

Waldhügel im Regen

Die blassblauen Rücken der Wale

Stumm halten sie ihre Richtung

Eines Tages werden sie stranden
Mit ölverklebten Atemlöchern

Man wird Gerüchte erfinden
Von ihrem Selbstmord

Weiß, milchweiß die kurzen Nächte waren,
rot umsäumt vom fernen Sonnenbrand.
Unergründlich in dem Wunderbaren
schlief das weite Land.

Von dem Moor, das an den dunklen Wald
sich lehnte,
kam ein feuchter, kühler Hauch;
auf dem Heuschlag, der sich endlos dehnte,
wogten Nebelschwaden, weiß wie Rauch.

In der Dämmerung mit schmalem Silberhorne
schwamm der Mond im weißen Nebelsee;
von den Feldern strömte der Geruch
vom Korne,
und betäubend duftete der Klee.

War es noch die Abendröte, die verharrte?
Oder Morgenrot, das schon verglüht?
Zeitentrückt in weißer Dämmrung schnarrte
eine Wachtel unentwegt ihr Lied.

Weiße Schleier wogten auf und nieder,
unermesslich wölbte sich das All.
Und im Garten, im Jasmin und Flieder,
schluchzte eine Nachtigall.

LICHTQUELLE

Die ganze Natur ist eine Melodie,
in der eine tiefe Harmonie verborgen ist.

 Johann Wolfgang von Goethe

Oh welch Zauber liegt in diesem kleinen Wort:
„Daheim“

Geliebte Erde, Wunder ohne Gleichen
birgt unerschöpflich Dein verborgener Schoß,
und immer neue Schätze legst du bloß –
wer schöpft Dich aus? Wer kann den Grund erreichen?

Geliebte, Deine Herrlichkeit ist groß,
und wenn auch Jahrmillionen noch verstreichen!
Und überall sind Deine Zauberzeichen:
In jedem Blütenkelch, im Quarzkristall und Moos.

 Siegfried von Vegesack

Man muß weggehen können
und doch sein wie ein Baum:
als bliebe die Wurzel im Boden,
als zöge die Landschaft und wir ständen fest!

Die wirkliche Reise des Lebens besteht nicht darin, neue Welten zu suchen,
sondern seine eigene mit offenen Augen zu betrachten.

 Sergio Bambaren

Die Herrlichkeit der Welt ist immer adäquat
der Herrlichkeit des Geistes, der sie betrachtet.

 Heinrich Heine

Im Winter

Der Acker leuchtet weiß und kalt.
Der Himmel ist einsam und ungeheuer.
Dohlen kreisen über dem Weiher,
und Jäger steigen nieder vom Wald.

Ein Schweigen in schwarzen Wipfeln wohnt.
Ein Feuerschein huscht aus den Hütten.
Bisweilen schellt sehr fern ein Schlitten,
und langsam steigt der graue Mond.

Ein Wild verblutet sanft am Rain,
und Raben plätschern in blutigen Gossen.
Das Rohr bebt gelb und aufgeschossen.
Frost, Rauch, ein Schritt im leeren Hain.

Es ist hoffnungsvoll,
dass die ganze Erde so heißt
wie jedes Stück von ihr.

 Elias Canetti

Blumen sind die Liebesgedanken der Natur.

Durch die Natur wird das Herz des Menschen gemildert und besänftigt.

Es gibt keinen Weg, der nicht irgendwann nach Hause führt.

LICHTWERK

Wir warten nicht lange genug,
zu früh hören wir auf,
mit unserem Wesen zu lauschen.
Ehe die Landschaft zu reden beginnt,
haben wir uns schon wieder
in Schnelligkeit verstiegen.

Doch eines Tages
kehrst Du zurück
ins Zuhause
und Du erblickst
einen träumenden Sommer
ein schönes Leben
eine Welt ohne Abgrund
sehnsüchtige Nächte
vergangener Tage
und Du wirst still

Das Werk

Wir sollen uns verschenken,
wie sich das Licht verschenkt,
nicht an den Abend denken,
wenn Dunkelheit das Licht ertränkt.

Wir sollen uns verschwenden,
wie es die Sonne tut
aus immer vollen Händen,
aus immer heißer Glut.

Wildnis ist:
Vitalität und Vielfalt erfahren
Akzeptieren von Vergänglichem
Loslassen von Bestehendem
Überwinden festgefahrener Werte
Staunen hervorrufen
den Wert der Einfachheit zeigen
Tolerieren und Zulassen von Ungewöhnlichem
Wachstum und Sterben
in seiner Gleichzeitigkeit spüren
Ruhe und Gelassenheit offenbaren

Die Wälder schweigen

Die Jahreszeiten wandern durch die Wälder.
Man sieht es nicht. Man liest es nur im Blatt.
Die Jahreszeiten strolchen durch die Felder.
Man zählt die Tage. Und man zählt die Gelder.
Man sehnt sich fort aus dem Geschrei der Stadt.

Die Seele wird vom Pflastertreten krumm.
Mit Bäumen kann man wie mit Brüdern reden
und tauscht bei ihnen seine Seele um.
Die Wälder schweigen. Doch sie sind nicht stumm.
Und wer auch kommen mag, sie trösten jeden.

Man kann nicht alles mit dem Kopf verstehen.

Der Tourismus beruht auf dem Irrtum,
dass man anderswo glücklicher ist als daheim.

Kreisstadt Freyung

oftmals verkannt
und selten gelobt.

und doch –
wer Abstand gewinnt
vom Alltag daheim

der sieht:

Viel Schönes
Viel Gutes
Zukunft vor Ort

Waldschmidthaus

Sich geborgen fühlen
inmitten gnadenloser Rauheit,
heimatlich schimmerndes Licht,
aus dem Unterholz bricht Dunkelheit,
drinnen die wärmende Stube.

Über Bergeskühle senkt sich die Nacht,
Wanderer, tritt ein,
finde Ruhe und Behagen,
der Himmel über uns hält seine Wacht.

Georg Knaus (geb. 11.05.1962) arbeitet hauptberuflich als Produktions- und Versandleiter in einem Sägewerk bei Vilshofen.

Als freier Fotograf mit dem Schwerpunkt Naturfotografie ist der Sägewerksmeister nebenberuflich immer auf der Suche nach neuen Perspektiven.
So führte ihn seine Vorliebe für außergewöhnliche Landschaften bereits bis nach Utah, Namibia und Island.

Seine „große Liebe" aber ist und bleibt der Bayerische Wald, seine Heimat, von der sich der ambitionierte Fotograf immer wieder inspirieren lässt.

Georg Knaus versucht mittlerweile ausgewählte Themen ausführlich zu erfassen und deren Ästhetik darzustellen.

Es sind aber nicht nur die Panoramen an sich, sondern diese scheinbare Leichtigkeit, mit der er es verblüffend für den Betrachter versteht, Formen und Farben mittels Licht zu solch beeindruckenden Kompositionen zu erheben; er verzaubert den Betrachter und zieht ihn tief in die Schönheiten der Natur hinein.

Es gelingt ihm anscheinend „immer", im rechten Moment am rechten Ort genau das Richtige zu treffen.
Oder aber, er wartet wirklich Ewigkeiten auf DAS LICHT.

(Annette Nigl, Heinz Lang)

Bildverzeichnis